Caraway Seeds Las Semillas De Alcaravea	**To Introduce (A Person)** Presentar (Una Persona)
Classic Clásico	**Desert** Desierto
Maximum Máximo	**To Wake Up** Despertarse
Hair El Pelo	**To Click** Hacer Clic
Please Por Favor	**Dust, Powder** El Polvo

A Row (E.G. Of Seats) Una Fila (E.G. De Sillas)	**Jelly** La Jalea
Serious Serio	**Queen** La Reina
Beyond Más Allá	**To Exclaim** Exclamar
To Inherit Heredar	**Gasoline** La Gasolina
Toothache El Dolor De Muelas	**Chest Cold** El Resfriado De Pecho

Is Ms. Smith In? ¿Está La Sra. Smith?	**Article (In A Newspaper)** El Artículo (En Un Periódico)
Godfather El Padrino	**Plastic** El Plástico
Decompression Sickness La Enfermedad De Descompresión	**Nipple** El Pézon, La Tetilla
Revenge La Venganza	**To Examine** Examinar
Feather (On A Bird) Una Pluma (En Un Pájaro)	**To Be Worth** Valer

Grapefruit La Toronja	**Steering Wheel** El Volante
Everyone Todos	**Anger** La Rabia, El Enojo
Papaya La Papaya	**Simple** Sencillo, Facilísimo
Pen El Bolígrafo, La Pluma	**Worthy (Of)** Digno (De)
Mattress El Colchón	**To Assign** Asignar

To Wait For (The Bus) Esperar (El Bus)	**To Spill** Derramar
See You Later Hasta Luego	**Currant** La Pasa De Corinto
Chapter El Capítulo	**Slow-Cooked Meat** La Barbacoa
Advertising Publicidad, Propaganda	**A Stain** Una Mancha
To Obsess Obsesionar	**To Remember, To Recall** Recordar, Acordarse De

Science La Ciencia	**Mule** Una Mula
Wings Las Alas	**Small** Chico
Salad La Ensalada	**Fresh** Fresco
Fall, Autumn El Otoño	**Brakes** Los Frenos (De Un Carro)
To Adore Adorar	**Contest, Competition** Una Competencia, Un Concurso

The Front El Frente	**Community** La Comunidad
Flour La Harina	**Oven** El Horno
Hand La Mano	**Spain** España
To Float Flotar	**I'D Rather Not Say** Prefiero No Decir
To Pull Tirar De, Jalar	**On Time** A Tiempo

I Feel Tired Estoy Cansado, Estoy Fatigado	**Casually** Casualmente
Arthritis La Artritis	**To Try To, To Attempt** Tratar De
Canned De Lata	**Breakfast** El Desayuno
Molasses Melaza, Miel De Sorgo	**Cookie** La Galleta
Cook Over Low Heat Se Cuece A Fuego Suave	**Sheep** Una Oveja

Foreign, Foreigner Extranjero	**Rug, Carpet** La Alfombra
Permission El Permiso	**Cornmeal, Water, Sugar, Etc.** El Atole
To Sing Cantar	**To Snort** Bufar, Resoplar
Minced, Chopped Picado	**Turtle** La Tortuga, La Caguama
To Say, To Tell Decir	**Improvement** El Mejoramiento

With Con	**Fruit Milkshake** El Esquimale
Short (Length) Corto	**Go Ahead, Do It** Dale, Hazlo
Today Hoy	**To Fish** Pescar
To Inhale Inhalar	**Negative** Negativo
To Shrink (E.G. Clothes) Encogerse (E.G. Ropa)	**To Shoot (A Gun)** Disparar (Un Arma)

Free, Loose Suelto	**Mushroom** Un Hongo, Un Champiñon, Una Seta
Apple La Manzana	**To Have To (Leave)** Tener Que (Irse)
Mouse Un Ratón	**Flat (Terrain)** (Un Terreno) Plano
The Future El Futuro	**To Lick** Chupar, Lamer
Grill La Parrilla	**He Is Conscious** Tiene Conocimiento, Está Consciente

I Don'T Feel Well No Me Siento Bien	**Daughter-In-Law** La Nuera
Too Much Demasiado	**Muslim** Musulmán
Blanket La Manta	**A Hint** Una Pista
Rectum El Recto	**Where Are You From?** ¿De Dónde Eres?
To Eat Comer	**Where?** ¿Dónde?

Paprika El Pimentón Dulce	**The Best** El Mejor
To Faint Desmayar	**Hill** La Colina
Reception Una Recepción	**Inch** Una Pulgada
Carrot La Zanahoria	**Committee** El Comité
Tomorrow Mañana	**Cabinet** El Gabinete

A Weapon Un Arma	**Illness** La Enfermedad
Rare Poco Hecho, Rojo, Algo Crudo	**Thermometer** El Termómetro
Grammar La Gramática	**Marjoram** La Mejorana
To Celebrate Celebrar	**For** Por, Para
Celebrity Una Celebridad, Un Famoso	**Concrete, Cement** El Concreto

Zoo El Zoológico	**To Surprise** Extrañar
Annual Anual	**To Spit** Escupir
European Europeo	**To Reveal (A Secret)** Revelar (Un Secreto)
Grandson El Nieto	**Traitor** Traidor
River Crabs Las Jaibas	**Expenses** Los Gastos

Puppy Un Cachorro, Un Perrito	**Mass** La Masa
Garbage Can, Trash Can Basurero, Recipiente De Basura	**Whichever** Cualquiera
Yellow Amarillo	**To Figure Out** Averiguar
To Separate Separar	**Geography** La Geografía
Generally, In General Generalmente, Por Lo General	**To Cheer Up, To Animate** Animarse

To (Sexually) Harrass, To Molest Acosar (Sexualmente)	**To Stare** Mirar Fijamente
Classroom Aula (Para Una Clase)	**The Sky** El Cielo
Concert Un Concierto	**Two Weeks From Today** Dos Semanas A Partir De Hoy
West El Oeste	**Leave Me Alone** Déjame En Paz
Parliament El Parlamento	**Apparently** Por Lo Visto

It'S Raining Está Lloviendo	**Note** La Nota
Sometimes A Veces	**Keys (On A Keyboard)** Las Teclas
Purple Púrpura, Morado, Violeta	**An Interview** Una Entrevista
To Strip (A Bed) Destender Una Cama	**Mold** El Molde
Italy Italia	**To Get Angry** Enojarse, Enfadarse

Good Luck! ¡Buena Suerte!	**To Spin** Girar, Hacer Girar
Indeed En Efecto	**I Love You (Romantic)** Te Amo
One Time Una Vez	**To Become** Hacerse, Llegar A Ser
What'S The Point? ¿Cuál Es El Punto?	**In Fact,… / Actually,…** De Hecho,…
To Stun, To Daze Dejar Atónito, Dejar Anonadado, Aturdir	**Used** Usado

Right? ¿Verdad?	**Spine** El Espinazo, La Columna Vertebral
Island La Isla	**To Breathe** Respirar
Uzbek Uzbeko	**Fish** El Pescado, El Pez
Tone (Of Voice) El Tono (De Voz)	**Planet** El Planeta
Shy, Timid Tímido	**Prince** El Príncipe

A Gaze Una Mirada	**Prostate** La Próstata
Barn El Granero, El Establo	**To Abbreviate** Abreviar
To Organize Organizar	**Eis (Environmental Impact Statement)** Estudio Del Ambiente
The Truth La Verdad	**Sincere, Genuine** Sincero
To Rest Descansar	**To Get On, To Get Into** Subir(Se)

Brain El Cerebro, Los Sesos	**Follow Me** Sígueme
To See Ver	**I'Ll Be Right Back** Ya Vengo
Masters (Degree) Una Maestría	**To Break** Romper, Quebrar
Neat, Organized Ordenado	**Strength, Vigor** La Fuerza
Aerobics Los Aeróbicos	**Charming** Encantador

Phase La Fase	**Malignant** Maligno
Goat´S Milk La Leche De Cabra	**Mutton** El Carnero
Asia Asia	**Chin** La Barbilla
Obsessed Obsesionado	**To Hide** Esconder(Se), Ocultar
Rate, Fee La Tarifa	**To Get Over, To Overcome** Superar

Downstairs De Abajo	**Mrs., Ma'Am** Señora, Doña
To Grill Asar A La Parrilla	**The Board Of Directors** La Junta Directiva
Democratic Democrático	**Virgin** Un/Una Virgen
Liberal Liberal	**Besides** Aparte De
Bridge El Puente	**To Stir (Stir)** Moverse (Se Mueve)

Heaven El Cielo, El Paraíso	**A Misunderstanding** Un Malentendido, Un Desacuerdo
Rhythm, Pace El Ritmo	**Immediate** Inmediato
To Pass (A Test) Pasar (Un Examen)	**Pill** La Pastilla, La Píldora
To Be Quiet, To Shut Up Callarse	**Month** El Mes
A Sip Un Sorbo, Un Trago	**To Listen (To)** Escuchar

Cat Un Gato	**He Drowned** Pereció Ahogado, Se Ahogó
Motion Sickness El Mareo	**To Use** Usar
Shark El Tiburón, El Cazón	**Complicated** Complicado
Gym El Gimnasio	**Pig Skins** Los Chicharrónes
Typical Típico	**Carefully** Cuidadosamente

Melon Other Than Watermelon El Melón	**Yam** El Camote
Diabetic Diabético	**To Bump Into (Something)** Chocar Contra (Algo)
Soup La Sopa	**Intense** Intenso
Rabbit La Coneja, El Conejo	**Fruit** La Fruta
Raw Crudo	**To Whine** Gemir, Lloriquear

Thank You, Thanks Gracias	**Term (Word)** Un Término
Conference, Lecture Conferencia, Coloquio, Symposio	**Downtown** El Centro
Yes Sí	**Harm, Damage** El Daño
To Coincide Coincidir	**Luck** La Suerte
A Glance Una Mirada (Rápida), Una Miradita	**His, Hers, Theirs** Suyo

Anyway De Todos Modos, De Todas Maneras	**Sarcastic** Sarcástico
To Feel Lonely Sentirse Solo	**Ceiling** El Techo
To Create Crear	**Two-Way Traffic** Doble Circulación
Wicked, Evil Malvado	**Brand New** Nuevecito
France Francia	**The Following ...** Lo Siguiente...

To Go Ir	**Mussel** El Callo
South El Sur	**Great Britain** Gran Bretaña
The Flu La Influenza	**Chin** La Barbilla, El Mentón
Cure La Cura	**Desk** El Escritorio
Tuesday Martes	**Japanese** Japonés

Lobster La Langosta	**Collar** El Cuello
Pulse, Heartbeat El Pulso, El Latido Del Corazón	**To Hail** Granizar
Panic Pánico	**To Rip, To Tear (Paper)** Rasgar (Papel)
Water El Agua	**Destiny, Fate** El Destino
It Is Cold Hace Frío	**Visa** Visa

Seventy Setenta (70)	**Difficult, Hard** Difícil
Ghana Ghana	**Horse** Un Caballo
Sound El Sonido	**To Draw** Dibujar
Ugly Feo	**New** Nuevo
To Surround Rodear	**Device** El Aparato

Brief Breve	**Every Other Day** Un Día De Por Medio
It'S Windy Hace Viento	**Toenails** Las Uñas (De Los Dedos De Pie)
Congratulations! Felicitaciones!	**To Shrink, To Get Smaller** Disminuir(Se) (De Tamaño)
To Skate Patinar	**South Korean** Surcoreano
Easily Facilmente	**Artichoke** La Alcachofa

(Frying) Pan El/La Sartén	**To Value** Valorar
Kind, Type El Tipo	**Older, Oldest** Mayor (Más Viejo)
To Touch (An Object) Tocar (Un Objeto)	**Charcoal Grilled** Al Carbón
Spare (Tire) (Una Rueda) De Repuesto	**Thumb** El Pulgar
A Confident Person Una Persona Segura De Sí Misma	**To Tip** Propinar

Pound Una Libra	**Alcoholism** El Alcoholismo
Event Un Evento	**Banana** El Plátano, El Banano, La Banana
Meter Un Metro	**Residence** La Residencia
To Pour (Something) Vaciar	**To Attend** Asistir A
To Strip (Paint) Quitar (La Pintura A)	**Really?** ¿Verdad?, ¿En Serio?

Plum La Ciruela	**Construction Worker** Un Obrero De Construcción
Ground Cloves Los Clavos Molidos	**Date** El Dátil
Manners Los Modales	**Popular** Popular
To Stir Remover	**Knee** La Rodilla
Typical Típico	**Wind** El Viento

That's Enough Basta	**Sugar Cane** La Caña De Azúcar
Piece Pieza, Pedazo	**Basically** Básicamente
Breakfast El Desayuno	**Thief, Burglar, Robber** El Ladrón
To Understand Comprender, Entender	**At Ten O'Clock Sharp** A Las Diez En Punto
Air El Aire	**Cramp** Un Calambre

Chess El Ajedrez	**Wide, Broad** Ancho
To Prove Comprobar	**Brave, Gallant** Bizarro
Folder La Carpeta	**Soft Drink** El Refresco
To Fight Pelear, Luchar	**February** Febrero
Frying Pan El Sartén	**Branch Office** Una Sucursal

From Time To Time De Vez En Cuando	**Caramel Made With Goat'S Milk** La Cajeta
Bug (Insect) Un Bicho (Insecto)	**Accessible** Accesible
Small Airplane La Avioneta	**Light (Luminous)** Luminoso
Crowd La Muchedumbre	**Civil** Civil
Way El Modo, La Manera	**To Return, To Come Back** Volver, Regresar

To Satisfy Satisfacer	**To Mop** Trapear
Code El Código	**Red** Rojo
Europe Europa	**Airplane** El Avión
Myself Mí Mismo	**Index Finger** El Dedo Índice
Currently Actualmente	**To Arrive** Llegar

Positive Positivo	**Sore (N.)** La Llaga, La Úlcera
Priority La Prioridad	**To Swallow** Tragarse
Clarity La Claridad	**Wet** Mojado
Zone La Zona	**(Potato) Chips** (Las Papas) Tostadas
To Go Fishing Salir De Pesca	**Climate** El Clima

To Rub Frotar	**Metal** El Metal
To Continue To Continuar A	**Fallen Arches** Los Pies Planos
Stubborn Terco, Obstinado	**German** Alemán
To Keep (Something) Guardar (Algo)	**To Wave (A Hand)** Saludar Con La Mano
Beet El Betabel, La Remolacha	**Mexican** Mexicano

To Choose Escoger	**Tariff** Arancel
Section Under Repair Tramo En Reparación	**Sports** Los Deportes
To Get Together, To Meet Reunirse	**Long, Dark, Hot Pepper** El Chile Negro, Chilaca
Cashier, Cash Register El Cajero	**Sexual** Sexual
Light (N.) La Luz	**Pig'S Feet** Las Patas De Puerco

Malaysian Malasio	**Aesthetics** La Estética
Silk La Seda	**The Traffic Congestion** El Tapón De Tráfico
To Feel Sentirse	**Broken Bone** El Hueso Roto
Curiosity La Curiosidad	**Daily Special** La Comida Corrida
To Slam A Door Dar Un Portazo	**Proud Of** Orgulloso De

Wood La Madera	**Nipple** El Pezón
Corridor El Corredor	**Supermarket** Supermercado
To Change The Subject Cambiar De Tema	**Flattered** Halagado
Clown Un Payaso	**To Interfere** Entrometerse En, Interferir Con
Mosquito Un Mosquito	**Radio** El/La Radio

Traditional Coffee Made In A Pot El Café De Olla	**Authority** La Autoridad
(In) Agreement (De) Acuerdo	**To Do, To Make** Hacer
Ground, Earth El Suelo, La Tierra	**Unexplainable, Inexplicable** Inexplicable
Christmas La Navidad	**Next To** Al Lado De, A La Par De
I Have No Siblings No Tengo Hermanos	**Iraq** Irak

Shape La Forma	**Step-Brother** El Hermanastro
Brazilian Brasileño	**To Hate** Odiar
Hair El Cabello, El Pelo	**Hyperglycemic** Hiperglucémico
The Same Thing Lo Mismo	**A Role (In A Play)** Un Papel
Printer La Impresora	**To Assault, To Attack** Asaltar, Atacar

Hypothesis Una Hipótesis	**Dining Room** El Comedor
To Rent Alquilar	**So, Then** Entonces
Nepal Nepal	**Skin** La Piel
Number El Número	**To Bore** Aburrir
Cornmeal La Harina De Maíz Amarilla	**To Export** Exportar

Ambitious Ambicioso	**Girl** Niña, Muchacha, Chica
To Deposit Depositar	**Nap** Una Siesta
To Produce Producir	**To Move (I.E. Change Houses)** Mudarse
Ear La Oreja	**Lollipop** La Paleta
Trust Me Confía En Mí	**Freeway** La Autopista, La Supercarretera

County El Condado	**No Way (That Will Happen)** De Ninguna Manera (Pasará Eso)
Taxes Los Impuestos	**To Bounce (E.G. A Ball)** Rebotar (E.G. Un Balón)
(Tv) Channel El Canal (E.G. De Tele)	**Sherbet** La Nieve
Elbow El Codo	**Brother** El Hermano
To Collapse Colapsar	**To Remove** Quitar

King El Rey	**Amazing, Incredible, Unbelievable** Increíble
Whoever Quienquiera	**Honorable** Honorable
The Sheet (Of Paper) La Hoja (De Papel)	**Secretary** Una Secretaria
Raisin La Pasa	**Bald** Calvo
Joy La Alegría	**Ideal** Ideal

Batter Fried Shrimp Los Camarones En Gabardinas	**On My Lap** (Un Bebé Sentado) En Mis Rodillas
Too, Also También	**Tall** Alto
Place Un Lugar	**Throat** La Garganta
To Know (A Fact) Saber (Un Hecho)	**To Behave** Comportarse
Horrible, Awful Horrible, Terrible	**To Be** Ser, Estar

Alcoholism Alcoholismo	**Cruise** Un Crucero
To Stroll Through Andar Por	**Whole Wheat (Bread)** (Pan) Integral
While Mientras	**Eyelashes** Las Pestañas
Royal Real (De Reyes, Etc.)	**Eleven** Once (11)
To Conquer Conquistar	**Small Onions With Long, Green Stem** Las Cebollitas

Wine El Vino	**Injured Person** La Persona Herida, La Persona Lesionada
Bruise El Moretón, El Cardenal	**I'Ll Pay You Back** Te Reembolzaré
Photograph, Picture La Foto	**(To Cook Something) From Scratch** (Cocinar Algo) Desde Cero
Native American, Indian Indio	**It'S Your Turn (In A Game)** Te Toca A Tí (En Un Juego)
Beer La Cerveza	**Butter** La Mantequilla

To Have Tener	**Distracted** Distraído
Thick Custard El Chongo	**Dill** El Eneldo
To Make Better Mejorar	**Alarm** La Alarma
On The Way En Camino	**Never** Nunca, Jamás
A (Decorative) Bow Un Lazo, Un Moño (Decorativo)	**Good** Bueno

To Weigh Pesar	**Mind** La Mente
To Grow Up Criarse	**Could** Podría, Podríamos, Podría, Podrían, Podríamos, Etc.
To Get Fat Engordar	**Yours** Tuyo, Vuestro
Ego El Yo, El Ego	**Marriage** Matrimonio
Various Varios	**Imports** Las Importaciones

Sunny Soleado	**Diamond** Un Diamante
To Drown, To Suffocate Ahogarse	**To Respect** Respetar
Leek El Puerro, El Poro	**Narrow** Estrecho
At Home En Casa	**Urine** La Orina, Los Orines
To Accompany, To Go With Acompañar	**Custody** La Custodia

Living Room, Den La Sala	**To Snatch (Something From Someone'S Hand)** Arrebatarle (Algo De La Mano A Alguien)
Headquarters La Sede	**To Correct** Corregir
Insulin La Insulina	**These** Estos
Hurt Lastimado	**Power** El Poder
(Basketball) Court, (Soccer) Field Una Cancha (De Fútbol, De Básquetbol)	**To Get Tired, To Make Tired** Cansar

Dough La Masa (Para Pan, Pasta, Etc.)	**Incident** Un Incidente
Line La Línea	**The End** El Fin
To Donate Donar	**I Caught Him (Red-Handed)** Lo Pillé
Denim Denim	**Cured Ham** La Carne De Chango
Quality La Calidad	**Executive (Administrative, Business)** Ejecutivo

Crisis La Crisis	**Guts (Courage)** Las Agallas
Far From Lejos De	**News** Las Noticias
It'S My Treat Yo Te Invito (Voy A Pagar)	**Crotch** La Horcajadura
Because, Since Porque	**Silver** La Plata (El Metal)
British Británico	**To Chill** Enfriar

The Charm El Encanto	**To Ignore** Ignorar
Radish El Rábano	**Widower** El Viudo
Dentist El Dentista, La Dentista	**Jury** El Jurado
To Sneak (E.G. To Do Something Sneakily) (Hacer) A Escondidas, (Hacer) A Hurtadillas	**Any** Cualquier
Entrance La Entrada	**To Debate** Debatir

In Mass En Masa	**Good Job, Well Done** Buen Trabajo, Bien Hecho
Cream La Crema, La Crema Dulce	**Zero** Cero
A Speech Un Discurso	**Universe** El Universo
Diving, Scubadiving El Buceo	**To Admire** Admirar
Drug Dealer Un Narcotraficante	**Reasonable** Razonable

Of, From De	**Reaction** La Reacción
(100) Percent (100) Por Ciento	**Confusion** La Confusión
Classmate Compañero De Clase	**Dry Mustard** La Mostaza Molida En Polvo
To Compose, To Draft Redactar	**How Do You Feel?** ¿Cómo Te Sientes?
Boxing El Boxeo	**War** La Guerra

I Yo	**Marrow** La Médula, El Tuétano, El Meollo
Fake, Phony Falsificado	**To Compete** Competir
Strawberry La Fresa	**Muscle** Un Músculo
Interesting Interesante	**I Changed My Mind** Cambié De Opinión
Back And Forth De Acá Para Allá	**Moon** La Luna

To Take, To Drink Tomar	**Corner (Of A Room)** El Rincón (De Un Cuarto)
Thirteen Trece (13)	**Since (The Year 1955)** Desde (El Año 1955)
Apology Una Apología	**Lady** Una Dama
Sweet Dulce	**To Rent** Alquilar
To Estimate Estimar	**To Watch** Mirar

Peru El Perú	**What Time Is It?** ¿Qué Hora Es?
Barbecued Pig La Cochinita Pibil	**Siblings** Los Hermanos
To Die Morir	**After** Después De
Buddhist Budista	**Ninth** Noveno
Fountain Una Fuente (De Agua)	**I Love This!** Me Encanta (Esto)

Here Aquí, Acá	**Agility** La Agilidad
Picnic Un Picnic	**Fillet** El Filete
Throat La Garganta	**To Begin, To Start** Empezar, Comenzar
A Toast Un Brindis	**Union** La Unión
Party La Fiesta	**To Mumble, To Murmer** Farfullar, Mascullar, Murmurar

Nurse La Enfermera	**Sound Level** El Nivel Sonoro
Mass, Services (At Church) La Misa	**Written** Escrito
Bomb Una Bomba	**The Thing About (Your Mom)** Lo De (Tu Mamá)
To Disappear Desaparecer	**Venezuela** Venezuela
Landslide Area Zona De Derrumbes	**The Military, The Armed Forces** Las Fuerzas Armadas

Salt La Sal	**To Inflate** Inflar
Popsicle La Paleta De Hielo	**To Fold (Clothes)** Doblar (Ropa)
Dental Cavity Las Caries	**Monkey** Un Mono (El Animal)
Heart Attack La Ataque Cardíaco	**To Treat Someone Well** Tratar Bien A Alguien
To Dig Cavar	**Weight** El Peso

Your (Plural) Sus (De Ustedes), Vuestros (De Vosotros)	**Eight** Ocho (8)
Alert Una Alerta	**Fireman, Firefighter** Un Bombero
Battery Una Pila, Una Batería	**Sage** La Salvia
Unemployment (Rate) (La Tasa De) Desempleo	**Earache** El Dolor De Oído
Address La Dirección (Postal)	**To Attract** Atraer

Sidewalk La Acera	**A Shift (At Work)** Un Turno (En El Trabajo)
United Kingdom (Uk) El Reino Unido	**Imagination** La Imaginación
To Arrange Arreglar (Ordenar)	**Passport** El Pasaporte
Diarrhea La Diarrea	**Pus** El Pus, La Postema
Somehow De Alguna Manera	**To Bury** Enterrar

To Decide Decidir	**Keep Me Posted** Manténme Actualizado
Abdomen El Abdomen	**Management** La Gerencia, La Directiva
Broth (Soup) El Caldo De Olla, El Consomé	**Blackmail** El Chantaje
Pakistani Pakistaní	**Meat** La Carne
Dog Un Perro	**Nosebleed** La Hemorragia Nasal

To Collect, To Gather Colectar	**Crayfish** Langostinos Del Río
To React Reaccionar	**Tip** La Propina
Ticket El Billete	**Federal** Federal
Failure El Fracaso	**Conjugation** La Conjugación
Appearance La Apariencia	**To Give Up** Rendirse

Park El Parque	**To Make A Reservation, To Reserve** Hacer Una Reserva, Reservar
To Be Right Tener Razón	**Emotional** Emocional
Jumbo Shrimp Los Camarones Gigantes	**Thing** Una Cosa
Chest El Pecho	**Motion** La Moción
Plot El Argumento (De Una Historia)	**Soft, Smooth** Suave

(Home)Owner El Propietario	**To Trace** Calcar
Nylon El Nylon	**To Straighten** Enderezar, Alisar
His, Hers, Your, Their Su	**Lemon** El Limón
Castle El Castillo	**Defensive** Defensivo
An Accountant Un Contador	**Main** Principal

Age La Edad	**Donation** Una Donación
Strike, Riot Una Huelga	**Cafeteria** La Cafetería
Dish El Platillo	**Time (In General)** El Tiempo
To Develop (Photos) Revelar (Fotos)	**Newspaper** El Periódico
(Kitchen) Counter La Encimera (En La Cocina)	**Let´S Go** Vamos, Vámonos

Styrofoam La Espuma De Poliesterino	**To Exercise, To Work Out** Hacer Ejercicio
Genes Los Genes	**Avenue** La Avenida
Scam Una Estafa, Un Timo	**Cucumber, Pickle** El Pepino, El Pepinillo
To Sneak Out Salir A Hurtadillas, Salir A Escondidas	**Potato** La Papa, La Patata
Broad Bean La Haba	**Eyes** Los Ojos

Made in the USA
Las Vegas, NV
24 May 2024

90318269R00044